LORELLA ENRICI

PROFESSIONISTA IMMOBILIARE

Tecniche e Strategie Per Diventare Un Professionista Immobiliare Di Successo e Vendere Case Efficacemente

Titolo

"PROFESSIONISTA IMMOBILIARE"

Autore

Lorella Enrici

Editore

Bruno Editore

Sito internet

http://www.brunoeditore.it

Sommario

Dedicato ai miei collaboratori

Introduzione

Se hai comprato questo libro, è perché ti interessa il settore immobiliare e ti piacerebbe diventare un vero professionista, e perché pensi che una guida possa darti nuove idee su come arrivare alla realizzazione di te stesso.

Professionista immobiliare è colui il quale ha una conoscenza approfondita della materia, sa gestire sé stesso e grazie a questo riesce a gestire gli altri, aiutandoli a risolvere situazioni di lavoro con una reciproca soddisfazione mentale e un proficuo ritorno economico.

Tu hai già scelto di volerlo fare, ora occorre portare avanti la tua scelta partendo dall'inizio, perché senza una giusta partenza difficilmente si ottengono dei risultati.

Una casa si costruisce cominciando dalle fondamenta e, se queste non sono buone, tutto il resto della costruzione sarà per l'intero percorso un problema. Quindi, da solo, hai fatto senza aiuto un grande passo avanti. Tu sai quello che vuoi e ti stai muovendo per ottenerlo.

Essere un professionista immobiliare è una meta, un traguardo: significa realizzarsi nel lavoro. Era il 1992 quando aprii la mia prima agenzia. Sono passati venticinque anni e oggi io non mi sento più un semplice venditore o un agente immobiliare, mi sento un professionista immobiliare.

Un settore dove tu, se vorrai seguirmi, potrai fare la differenza specializzandoti. Con una laurea in Scienze forestali presa a pieni voti, certamente non pensavo che sarei finita a vendere case. Volevo di più, volevo essere quello che in molti non erano. Una buona professionista.

Dietro ogni storia c'è un vissuto, fatto di eventi positivi e negativi, di belle estati calde e rigidi inverni. Il tutto costituisce il tessuto della vita. Ho scelto di non farmi trascinare dagli eventi, ma di gestirli ed essere io l'artefice del mio futuro. Ho cresciuto molti giovani professionisti, ho creato uno studio di successo.

Oggi sono pronta a cederti il mio know-how perché, non solo chi mi è vicino, ma tutti quanti voi possiate in breve tempo e con migliore qualità di vita arrivare alla meta.

M'infastidiva e m'infastidisce tuttora l'atteggiamento delle persone nei confronti della nostra categoria, una diffidenza assoluta. Io questo problema l'ho superato attraverso la mia professionalità.

Tu, che puoi fare la differenza, apprenderai ad essere diverso e migliore approfittando dei tanti anni durante i quali ho imparato tramite le esperienze e tanti percorsi e tanta preparazione.

Semplicemente per te sarà rapido, perché leggendo queste pagine, che contengono anni di lavoro, ti si aprirà un mondo entusiasmante.

Non ti consegno formule magiche ma semplici tecniche. Ti indicherò percorsi più brevi e più piacevoli per raggiungere l'obiettivo desiderato. Il professionista immobiliare, in effetti guadagna bene; si tratta di un settore che storicamente è stato fra i più remunerativi da sempre.

L'errore sta nel pensare che con poco si possa ottenere molto. Che cosa serve a un professionista del settore immobiliare per arrivare a livelli di buon guadagno? Amare il suo lavoro, amare sé stesso, amare le persone che lo circondano. Mettere passione in quello che fai ti renderà grande.

Imparare a gestire sé stessi, studiare senza tediarsi, usare gli strumenti che hai a tua disposizione, apprendere il metodo per poter gestire chi hai davanti. Per fare tutto questo ci vuole una guida che ti consenta di praticare le scorciatoie, che eviti errori che altri hanno già commesso.

Occorre insegnare a ottenere i risultati con il minor peso psicologico possibile. Ansie e paure non fanno parte di questo mondo perché le radici sono ben radicate, perché abbiamo gettato solide basi per non farci sorprendere impreparati. E tu imparerai a non farti sorprendere, mai.

In realtà tutte le cose che ti servono per giungere al tuo obiettivo sono già dentro di te, io mi limiterò a farle brillare. Sarò il tuo specchio.

Probabilmente ti sarai già accostato a questa professione, avrai letto dei libri, avrai lavorato in qualche studio senza però trarne successo. Tutto questo è assolutamente normale.

Devi ancora semplicemente trovare il posto giusto, il metodo giusto e io sono qui proprio per indicarti e aprirti la strada. Quante volte abbiamo visto ragazzi andare male a scuola e poi semplicemente, cambiando insegnante, diventare buoni studenti?

L'approccio alla materia che si studia deve essere fonte di entusiasmo da parte del docente e poiché una buona parte degli insegnanti ne è priva, gli studenti si annoiano e non si sentono motivati.

Molti ragazzi passati nel mio studio arrivavano da esperienze difficili e modesti guadagni. Posso dire con orgoglio che sono rifioriti. Hanno trovato uno studio in cui si lavora con passione, hanno ricevuto iniezioni di autostima, hanno guadagnato bene.

Uno studio in cui si respira una bella e piacevole atmosfera ti fa andare al lavoro contento e pronto all'azione. Ti carica. Non mi sono mai ritenuta un capo. Ho sempre ricercato il confronto a pari livello, perché ognuno di noi può imparare da chi lo circonda. Solo con l'apporto di tutti quelli che ti stanno intorno puoi arrivare ad essere qualcuno di importante.

Ascoltare le osservazioni quando non rientrino nella volgare polemica è un esercizio fondamentale, prendere appunti di ciò che viene suggerito ancora di più. Tu che mi stai leggendo mi stai insegnando che qualcuno ha bisogno di me.

Ho sentito dei colleghi fare il verso in malo modo a clienti appena usciti dallo studio, perché anziani, sospettosi, impauriti. Non è questa la strada che devi percorrere. La persona che hai davanti è preziosa, necessita di te e tu di lei.

Ridicolizzarla con i conoscenti ti metterà nelle stesse condizioni di chi non mostra gratitudine per ciò che gli è stato offerto.

Se quando rispondi al telefono alzi gli occhi al cielo perché ritieni che ti stiano disturbando, temo che tu non abbia compreso il tuo lavoro. Un professionista aggiusta, risolve, sistema ed è felice di farlo. Le soddisfazioni che si possono trarre dal lavoro sono tantissime, sia economiche sia personali.

Dai il corretto valore alle persone intorno a te, cercane gli aspetti positivi. Ti renderanno moltissimo e ti creerai un microcosmo pieno di soddisfazioni che ti faranno vivere bene.

Capitolo 1:
Come avere successo gestendo sé stessi

Gestire te stesso significa conoscere i tuoi obiettivi e compiere una serie di azioni che ti portano a ottenere un risultato caratterizzato da:

- Un'impostazione meno stressante del lavoro e conseguente maggiore predisposizione al successo.

- Un uso degli strumenti di lavoro, come per esempio lo studio, piacevole e adatto alle tue inclinazioni naturali.

- La costruzione del tuo personaggio che ti rende unico e ben riconoscibile.

- Imparare a ottenere il massimo ritorno professionale con il minore prezzo emotivo.

Avere una gestione quotidiana di tutto questo renderà te stesso un vero professionista immobiliare e, se ti piacerà, un formatore per altri.

Gestirai te stesso, non ti farai trascinare dalla corrente. Navigherai sapendo quali sono le cose importanti e quali quelle di poco conto.

Naturalmente questo prevede un cambiamento, anzi un profondo cambiamento, dove le parti migliori di te cominceranno a battere all'unisono.

Il tutto inizia dal conoscere te stesso e dall'avere consapevolezza delle tue potenzialità. Spesso ti capita di avere la percezione delle tue capacità, ma di non riuscire a vederle con chiarezza.

Senti di avere capacità empatica, ma non sai esattamente come funziona questo tuo pregio.

Diciamo per esempio che "sai" di scrivere bene perché a scuola avevi buoni voti in letteratura o perché qualche amico apprezza i tuoi post su Facebook, ma ti sei mai soffermato a cercare di capire il perché?

Comprati un taccuino Moleskine e segna su un foglio quali ritieni siano i tuoi doni, le tue capacità, i tuoi punti di forza, sotto ognuno di questi lascia qualche riga per scrivere perché pensi di esserne in possesso e come li hai ottenuti.

Scoprirai che alcuni fanno parte di un'educazione, altri derivano dalle esperienze di vita, altri ti appartengono per nascita, ma poi tu li hai coltivati e, se sì, in quale modo. Prendi in questo modo coscienza di te stesso, inizia il tuo cammino.

Il taccuino sarà un fidato amico da portare con te, per fissare le idee e per rileggere gli appunti su come sei diventato consapevole delle tue forze.

Nel percorso così iniziato, ti sentirai pieno di energia. Abbiamo scritto che "Conoscere te stesso" significa individuare i tuoi punti di forza e accrescerli, cosicché loro diventeranno i tuoi consiglieri. Nel procedere a caso non andrai da nessuna parte, anzi probabilmente ti farai del male.

Le domande che ti poni e a cui risponderai sul tuo Moleskine sono da scrivere e riscrivere, da leggere e rileggere.

SEGRETO n. 1: conosci te stesso per gestire te stesso per arrivare alla meta senza eccessi di stress.

Alcuni di questi interrogativi sono: in cosa sono bravo a scuola, o nel lavoro o nello sport? Cosa mi caratterizza positivamente nel mio rapporto con amici, parenti, clienti? In questa lista scrivi dieci, almeno dieci caratteristiche positive, quelle che nella tua vita hanno fatto la differenza.

Non si tratta di peculiarità considerate importanti dagli altri, ma giudicate importanti da te. Ti porto qualche esempio e in alcuni di questi ti ritroverai: sono generoso; sono disponibile; di buon carattere.

Sono in continua evoluzione; amo il gioco di squadra; mi piace essere il primo. Scrivo bene; sono un buon matematico; so ascoltare le persone in difficoltà. Mi piace chiacchierare con gli amici Ecc.

Ognuna di queste domande ha in sé una risposta ricca di significato. Il fatto di essere generoso a me ha portato sempre del

15

bene, il fatto di saper riconoscere nei miei collaboratori le loro vittorie, anche con benefit economici, mi ha reso da parte loro entusiasmo e grande voglia di applicazione e così loro hanno reso a me molto di più.

Se sei disponibile, i tuoi collaboratori, i tuoi clienti sapranno di poter contare sul tuo conforto e diventerai un punto di riferimento.

Se sai di avere un buon carattere solare e piacevole, saprai irradiare intorno a te un'aura di benessere, e colleghi e clienti ti cercheranno anche per questo.

Essere una persona in continua evoluzione significa che avrai continuamente idee nuove e frizzanti, sari il motore del tuo studio.

Amare il gioco di squadra ti darà un'ottima inclinazione a relazionarti con gli altri professionisti, cosa che io considero fondamentale, e avrai modo di leggerlo anche più avanti nel libro.

Ti piace essere il primo? Ecco un bell'inizio di processo per il raggiungimento dell'autostima. Scrivere bene ti aiuterà nelle relazioni necessarie a costruire le operazioni, sarai prezioso.

Essere un buon professionista immobiliare è un percorso che si raggiunge anche con l'impegno quotidiano.

L'obiettivo di questo libro è arrivare a fare la differenza sul mercato dei professionisti, vivere il lavoro con passione, allontanare l'eccesso di stress e come conseguenza guadagnare di più perché abbiamo il controllo della situazione e l'entusiasmo per affrontare le difficoltà e risolvere i problemi.

Sei diverso e speciale perché stai prendendo coscienza di te. Parliamo delle tue emozioni. Spesso ti sarai reso conto che se avessi reagito di fronte agli accadimenti in modo diverso avresti ottenuto di più. Ed è così.

Gestire le proprie emozioni è fattibile, migliorare il proprio stile di vita è semplice, ma occorre seguire delle indicazioni all'apparenza di poca importanza, che ti porteranno ad avere una vita lavorativa più lieve e sicuramente più remunerativa. Imparare a conoscere te stesso sarà un formidabile strumento che ti renderà più autorevole.

Dopo aver preso coscienza dei tuoi talenti ecco che arrivano gli stati emozionali che possono aiutarci a far brillare o a far oscurare le nostre caratteristiche.

Il solito Moleskine ti aiuterà a scrive delle varie realtà. Le realtà positive le conosciamo, parliamo di quelle negative. Sono ansioso, sono preoccupato, sono scontento.

Ammettere una propria sensazione, per prima cosa ci rende più umani ed è il primo passo per superare una situazione negativa.

Ci vorrà un poco di tempo. Ti guarderai dentro. Avrai bisogno di una guida che ti accompagni verso la soluzione. Lo stiamo facendo insieme in queste pagine.

L'essere ansioso, preoccupato, deriva dagli eventi e da come noi reagiamo a questi. Io sono stata preda di stati d'animo negativi per molto tempo. Qualche volta perfino in modo ossessivo.

18

Adesso vivo con autoironia questo aspetto del mio carattere, mi prendo in giro quando sento il mio cervello andare in *loop*.

Parlo a me stessa e, come vedrete, parlarsi è importantissimo. Cosa mi dico? "Ah, Lorellina, ci sei finita ancora eh?", e nel parlarmi mi rassereno.

Inizio a dare il peggio di me e subito mi assale l'ansia e poi segue un percorso che mi ricorda che tutto questo non è solo stupido, ma anche buffo.

Proviamo a guardarci dall'esterno. Gestire queste emozioni è un atto quotidiano della consapevolezza di te stesso. Imparare a farsi scivolare di dosso certe parole o le opinioni degli altri su noi stessi è un atto di forza e di amore verso la nostra persona.

Ho vissuto una vita tra i sensi di colpa e grazie al mio doc oggi sono diventati lievi.

Quindi, abbiamo parlato di iniziare ad avere una chiara visione di noi, delle nostre potenzialità e delle nostre emozioni. Con questa parte che ci concede di volerci bene e che ci dichiara pronti ad andare avanti in quello che è il nostro obiettivo introduciamo il discorso dell'alternanza lavoro-pausa, punto fondamentale per poter lavorare dando il massimo della produttività.

L'alternanza lavoro-pausa è un ottimo sistema per rigenerarsi. Prenditi del tempo, dedicati dei momenti. Facile a dirsi? Molto più facile a farsi. La nostra mente riesce a concentrarsi per un tempo limitato, poi tende a rallentare.

Solo con una pausa puoi riuscire a riprendere il controllo di te. Lavorare tante ore non significa lavorare bene. Ciò che conta è la qualità non la quantità. Per essere un professionista di successo devi onorare l'alternanza lavoro-pausa.

La pressione a cui sei sottoposto è forte, ma non potrà mai impedirti di essere il migliore se segui l'alternanza lavoro-pausa.

Mio padre diceva c'è un tempo per studiare e un tempo per giocare. Quando studi, studi e quando giochi, giochi. Liberare la mente è importante quanto riempirla. Quindi ricerca il modo a te più confacente per prenderti i tuoi spazi.

Io cammino molto, vado a piedi ovunque, all'inizio lo facevo per necessità ore è diventata una disciplina. I chilometri che percorro fra casa, studio e cantiere alleggeriscono la mia mente e mi rasserenano, in più ho realizzato di fare quello che gli altri spesso non fanno: una serie di rapide passeggiate.

Fai quello che gli altri non fanno. Questa frase scrivitela sul Moleskine, tienila in tasca e ogni giorno leggila una volta. Se decidi di alzarti un'ora prima per goderti il risveglio invece di buttarti giù dal letto come fanno tutti e correre al lavoro, ricordati che stai facendo quello che gli altri non fanno.

Io uso questa frase come un mantra, ogni volta che la pronuncio mi sento meglio. Per me è e per te diventerà un esercizio quotidiano. Ogni volta che fai qualcosa di particolare ripetitela.

La meditazione non si fa *una tantum*, la si esercita regolarmente e dà risultati ottimi in termini di benessere.
Parlare a sé stessi è importante. Quindi sei unico, diverso, stai al

di sopra. Prova a farlo, funziona benissimo.

I modi per farti del bene sono tanti, decidi di fare colazione con calma, lascia la lettura delle mail a quando sarai in studio. Io mi sono dedicata ai miei cani e li ho anche portati nei miei luoghi di lavoro.

La mitica Guendalina, una carlina dal cuore d'oro, è stata compagna fedele e oggetto di cure da parte di tutto il mio staff. Metteva allegria ed era esattamente ciò di cui avevamo bisogno.

Il tempo libero ci aiuta a liberarci dalle tossine. Immaginiamo di scegliere di interrompere il lavoro per la pausa pranzo e concederci due ore di palestra o di circolo sportivo. Scrivi sul tuo Moleskine le alternative che ti piacerebbero maggiormente e tieni presente le seguenti cose.

Per esempio: cerca un ambiente energizzante il più possibile vicino al tuo lavoro, più persone frequenti più ti si apriranno delle nuove vie professionali. Ricordati che noi siamo le nostre relazioni.

Avere intorno un buon clima ed essere circondati da persone che ci stimano per ciò che siamo e facciamo, è fondamentale per consolidare le nostre potenzialità e accrescere la fiducia in noi stessi.

Un circolo sportivo? Perché no? Persone rilassate, alcune interessanti, per me il circolo del tennis è stata una vera e propria valvola di sfogo.

In una piacevole conversazione con un medico ayurvedico a cui ho raccontato della concentrazione richiesta da questo sport, che non permette distrazioni, pena l'errore, lui ha osservato che per me il tennis era come per lui lo yoga, ed è proprio vero.

La mente svuotata di ogni cosa si concentra solo sul gioco, e non c'è spazio per altro. Trova il tuo spazio al di fuori del lavoro, qualunque sia, ti aiuterà a vivere meglio e a migliorare le tue prestazioni.

Conoscerai persone, ti affermerai dando consigli immobiliari, ti aprirai nuove opportunità.

Queste indicazioni che potrebbero sembrare banali, sono una

grande vittoria quando si riesce ad applicarle. Sono tantissime le persone che si svegliano correndo al lavoro e leggono le mail in auto prima di parcheggiare.

Tantissime che mangiano lavorando, sviluppando con ritmi frenetici grandi mole di lavoro.

Questo è l'esatto contrario del volerci bene e se non ci vogliamo bene, se non rispettiamo i ritmi voluti da mente e fisico, certamente non potremo dare il meglio delle nostre performance.

Impara a darti dei ritmi pausa, lavoro, piacere: è l'unico modo che abbiamo per vivere pienamente.

SEGRETO n. 2: l'alternanza lavoro-pausa-piacere ci farà guadagnare di più.

Tu non sei qui per sopravvivere, sei qui per goderti questa meravigliosa avventura che è la vita. La tua vita da professionista immobiliare, che prevede per te il meglio. Un lavoro affascinante, buoni guadagni e tu sarai quello che gli altri vorrebbero essere.

Chi è il vero professionista immobiliare? Sei tu, nel momento stesso in cui ti rendi conto che il tuo lavoro è bello, ti lascia libero, non ti mette legacci.

Basti tu con le tue conoscenze intese come relazioni, quindi la tua vita consta di professionalità e rete di relazioni, ragione in più per rafforzare il concetto lavoro-pausa. Frequentare un circolo sportivo? Ecco un'ottima soluzione.

Ho sempre ritenuto che lo studio formi una solida piattaforma su cui poggiare per crescere e accrescere la nostra professionalità, studiare tuttavia non significa necessariamente mettere il viso e gli occhi su un libro o davanti a un pc.

Studiare significa essere curiosi e creare una base che può nascere da qualsiasi stimolo che renda piacevole l'apprendimento.

SEGRETO n. 3: lo studio è la base per crearsi una piattaforma di lavoro, ma occorre farlo divertendosi. Capire cosa stai studiando attraverso la realtà lavorativa accende l'entusiasmo.

Ti metto a disposizione una serie di esperienze personali che portano in sé un contributo a compiere i passi corretti per facilitarti la vita nel lavoro.

Ho insegnato svariati anni agli istituti per geometri e ho sempre pensato che il loro percorso di studi fosse perfetto per diventare agenti immobiliari: fare un sopralluogo, parlare con cognizione di catasto, saper leggere una pratica comunale, mi induceva a spingerli a valutare questo lavoro.

In realtà al termine del loro percorso molti erano privi delle nozioni e delle consapevolezze che erano state loro impartite.

Svogliati e disattenti, quasi tutti uscivano dalla scuola con modeste cognizioni e per nulla entusiasti.

A studiare non si erano divertiti per nulla. Non avevano mai pensato di applicare nella realtà ciò che avevano trovato sui libri.

Contrariamente, nelle classi serali erano quasi tutti muratori che volevano diplomarsi per potersi migliorare. I loro risultati erano variamente buoni.

Sapevano costruire una casa e leggerlo su un libro permetteva loro di unire il reale al formale con semplicità, e poi volevano saperne di più.

L'entusiasmo che portavano in quelle aule era commovente e faceva entusiasmare anche il docente. Quindi l'entusiasmo unito alla ricerca della via ottimale per migliorare sé stessi è la chiave per arrivare alla meta con poca pesantezza.

Imparare a studiare è una delle cose che non ci hanno mai insegnato. Con il liceo classico ti procuri un'ottima apertura mentale per cui oggi, studiando, potrai affrontare un qualsiasi lavoro, anche quello che non esiste ancora.

Imparare a studiare è per ciascuno un'esperienza differente. Una sorta di viaggio.

Ognuno di noi ha una sua personalità che lo porta a usare canali di comunicazione diversi: qualcuno vive l'apprendimento e comunque la sua vita in generale utilizzando il canale visivo, qualcun altro ha come canale preferenziale quello cinestesico, altri si affidano al canale uditivo, per ultimo molti si ravvivano con quello olfattivo.

L'importante è mettersi nelle condizioni migliori per apprendere, decidi tu come, dove e quando. Una morbida poltrona dalla quale guardare un tutorial se usi maggiormente il canale cinestesico-visivo.

Una camera con musica per chiacchierare con un tuo amico di un tema che ti appare complicato ti farà stare bene se sei un auditivo.

Un bel posto panoramico con due paginette poco chiare e un bel cellulare a portata di mano per farsi aiutare. Un tablet con un tutorial davanti a una tazza di caffè.

L'importante è che tu lo faccia con un senso di piacere. Puoi organizzare dei tavoli di lavoro se ami studiare in compagnia e poi tutti in vineria per il premio.

Ti ripeto, studiare sui libri non è necessario. Ci sono corsi su cd grazie ai quali puoi apprendere stando comodamente seduto in poltrona. Se poi hai proprio deciso di studiare, c'è un trucco che usavo all'università.

Fotocopiavo 7/8 pagine per volta, mai di più, e le leggevo, sottolineandole. Le lasciavo in borsa, ogni tanto le tiravo fuori e le riguardavo. Funziona perché smembri il concetto del tomo che sembra non finire mai.

Oppure si può non studiare affatto. Rubare, a chi ti è intorno, il sapere, succhiare quello che gli altri sanno, ascoltare e fare proprio il senso dei discorsi ascoltati.

Questo significa approfittare dell'esperienza altrui e quindi costruirsi un percorso con l'esperienza.

Non è vero che l'esperienza si costruisce in anni di lavoro, si può costruire molto più in fretta se ci si approccia con curiosità al mestiere. Qualcuno di voi gioca a tennis?

Nel tennis la regola è: gioca sempre con chi è più bravo di te, solo così migliori. È la stessa cosa. Frequentiamo chi è superiore a noi, stiamogli addosso, assistiamolo, cresceremo in un battibaleno.

SEGRETO n. 4: stai addosso a chi ha esperienza, come delle spugne assorbiremo le sue competenze e faremo la differenza. Gioca sempre con chi è più forte di te.

RIEPILOGO DEL CAPITOLO 1:

- SEGRETO n. 1: conosci te stesso per gestire te stesso per arrivare alla meta senza eccessi di stress.
- SEGRETO n. 2: l'alternanza lavoro-pausa-piacere ci farà guadagnare di più.
- SEGRETO n. 3: lo studio è la base per crearsi una piattaforma di lavoro, ma occorre farlo divertendosi. Capire cosa stai studiando attraverso la realtà lavorativa accende l'entusiasmo.
- SEGRETO n. 4: stai addosso a chi ha esperienza, come delle spugne assorbiremo le sue competenze e faremo la differenza. Gioca sempre con chi è più forte di te.

Capitolo 2:
Come fare la differenza nel proprio lavoro

Che cosa significa ricreare te stesso? Finora hai letto come fare per studiare con facilità; di come tu abbia dei canali preferenziali, di come sia fondamentale crearsi un mondo fatto di lavoro-pausa-piacere.

Tutto questo, come abbiamo visto, prevede che tu lavori su te stesso, sulla tua mente, sulle tue abitudini.

A tutti noi piace scoprirci, capire chi siamo, analizzarci e farci analizzare. Serve a migliorarci e conoscere parti che non sapevamo di avere; è utile per rafforzarsi. Da qui si parte per un cammino che non deve essere di sacrificio ma lieto, perfino festoso perché non pesa e ti porta al traguardo con leggerezza e senza stress.

Se non ami leggere libri serve a poco obbligarsi a farlo, certo in ogni caso si può avere un risultato sforzandosi molto. Ma non vogliamo che ti sforzi troppo, anzi desideriamo l'esatto opposto.

Tu vivi qui e ora e in questa realtà occorre che tu stia bene, per dare il meglio di te e arrivare al traguardo. Un equilibrato rapporto tra il risultato finale e il peso psicologico è la base per vivere bene e in armonia il tuo lavoro.

SEGRETO n. 1: formarsi e trasformarci alla ricerca del bello che c'è in noi e che ci gratifica.

Per organizzare il tuo percorso di formazione devi partire dall'individuazione del metodo più adatto a te. Ho studiato le lingue per molti anni, mi piacciono, ne sono appassionata. Da bambina ho provato un po' tutti i metodi, le piccole classi, il *face to face* con il teacher, il *Sandwich method*.

I maggiori progressi li ho fatti con quest'ultimo mentre molti giovani amici l'hanno abbandonato perché lo trovavano noioso. Siamo tutti diversi. Ognuno cerca la sua via.

Scrivi una lista delle cose che potrebbero rendere più leggero il percorso per accrescere e consolidare la tua formazione e poi prova ad applicarle.

Sul tuo Moleskine indica cosa ti può aiutare a migliorare fra le cose che hai letto. Immagino per un attimo che sia la Lorella di tanti anni orsono a volerlo fare.

Titolo: "Voglio diventare un'autorevolezza in campo immobiliare". Userò gli strumenti che mi hanno dato:

- Leggerò dei manuali a giorni alterni per scoprire cosa c'è di interessante sul mercato. Mi piace andare in libreria.
- Andrò al circolo dello sport lunedì e giovedì per rilassarmi, giocare a tennis e farmi una bella doccia, però mi porterò dietro il tablet perché c'è una diretta di Giacomo Bruno che mi interessa guardare e poi un tutorial su Youtube.

Poiché detesto i rumori, me ne andrò sotto quell'albero di platano gigantesco lontano dalla gente. Telefonerò al collega del corporate per farmi spiegare come funziona il *rent to buy*, perché ho letto il manuale ma ho parecchi dubbi.

La sera del martedì c'è l'happy hour con Francis dove facciamo una bella conversazione in inglese bevendo un prosecco. E così via. Un programma delizioso. Un programma vero e proprio, perché conoscendomi ho tenuto conto anche del mio problema uditivo per cui, non sopportando i rumori, mi sono già trovata il rifugio adatto.

Prova a scrivere sul Moleskine, fedele amica, un programma. Evita di farlo troppo lungo. Scrivi cosa pensi di fare nei prossimi 10 giorni, deve essere qualcosa che fai con vero piacere unito all'obiettivo di arrivare a migliorare la tua posizione immobiliare.

SEGRETO n. 2: scriviamo una lista di ciò che può aiutarci ad apprendere con levità.

Sottolineo che formazione è una parola grande che comprende mille variegati aspetti. Quello di conoscenza professionale, quello di imparare a comunicare con il pubblico, quello di come meglio valorizzare se stessi. C'è una parte importante che è legata al tuo aspetto.

Tu ti devi piacere. Importantissimo se vuoi fare la differenza è creare il tuo personaggio. Il percorso per diventare il tuo , quello che tu desideri. L'importante è che tu ti senta bene nei tuoi panni. Questo solo conta.

Per creare un personaggio la domanda non è "come posso piacere agli altri?", ma "come posso piacere ancora di più a me?". Come renderti riconoscibile in mezzo alla folla.

Il modo di abbigliarsi è un punto di partenza, scegliere abiti piacevoli anche comodi che aderiscano al tuo modo di essere. Sei un professionista, pertanto l'eccentricità ti può appartenere solo in parte, ma questo non significa indossare giacca, cravatta o tailleur sempre, tutt'altro; ognuno vestirà l'abito che lo farà stare meglio: chi più elegante, chi più sportivo o altro.

Importante è avere chiaro in mente che l'abito *fa* il monaco, perché non è finto, non è inventato, sei tu. Se nei panni che scegli, non ti senti a tuo agio, hai sbagliato tutto. L'approccio numero uno è stare bene con sé stessi.

Se sapessi quanto valore ha essere un personaggio, te ne stupiresti; aumenta la tua stima perché di nuovo, "fai quello che gli altri non fanno". Cura la tua immagine partendo dal cuore e questo ti renderà speciale.

La cosa importante sotto questo aspetto è: "vestiti" e non "copriti". La maggior parte delle persone si copre e basta, indossa le prime cose che trova nell'armadio e scappa al lavoro. Tutto sbagliato. Dedicati qualche istante in più a scegliere un dettaglio, un bracciale, una cintura, una camicia particolari.

Un lievissimo profumo che ti farà riconoscere quando passi. Tutto questo sarai tu. E sarai diverso dagli altri. Ha fatto scuola Sergio Marchionne che con i suoi maglioni blu ha incontrato tutte le massime autorità del mondo.

Oltre a ciò, il vostro corpo: magro o no, alto o no, sono canoni che valgono solo per le persone mediocri, potete essere bassi, tarchiati e con i denti irregolari, ed emanare ugualmente un fascino irresistibile.

Si è un personaggio anche solo per il modo con cui si porta una borsa: da docente sotto il braccio, una cartella usurata dal tempo come usavano fare i vecchi professori; un'elegante borsa firmata che portate con i jeans scoloriti e un poco di autoironia.

SEGRETO n. 3: crea il tuo personaggio, sarai unico e speciale.

Creati uno stile, porta i capelli corti o lunghi, la barba, usa il sigaro, scopri di muovere le mani in un modo gradevole, e divertiti ad auto-osservarti mentre lo fai. Avere uno stile ti contraddistingue, sia che si tratti di massima eleganza, sia sportivo sia casual.

I dettagli fanno sempre la differenza. Lo ripeto: vestirsi non è coprirsi. Anche questa è formazione: insomma, divertitevi con voi stessi. Funziona. Ricreare il proprio personaggio significa dare forma al nostro essere intimo. Prendi il Moleskine e prova a scrivere quale aspetto ti piacerebbe avere.

Vai su internet e cerca fra i tanti proposti uno stile che ti assomiglia. Pensa che la solita giacca blu può essere proposta in tanti modi diversi, regolare, destrutturata, come blazer e altro ancora.

Lavoriamo con il pubblico, quindi, solo se ti piaci potrai piacere agli altri. I corsi di comunicazione sono tantissimi, seguirne uno ti farà fare grandi passi avanti in brevissimo tempo.

Ancora una volta occorre svuotare la mente e lasciare che assorba le tante notizie che possono farti cambiare in meglio.

SEGRETO n. 4: se non ti piaci, non potrai piacere agli altri.

La trasformazione passa anche e molto attraverso l'uso dei professionisti. Loro ti possono cambiare la vita o anche solo dare pareri che scioglieranno nodi del tuo lavoro aiutandoti a vincere.

Perché ho parlato dei corsi di comunicazione? Perché sono uno strumento importante, perché sono divertenti, entusiasmanti, accrescono la tua autostima. Un buon coach può cambiarti la vita.

Non mi stancherò mai di dire che a me l'ha cambiata. Sebastiano ha lavorato brevemente, ma intensamente su di me. Gran parte delle cose che ho scritto le ho assorbite da lui. Lui mi ha dato un'impostazione, mi ha offerto nuove prospettive, le stesse che in parte io cedo a te.

Impara a chiedere aiuto. I professionisti di ogni settore sono qui per questo, così come si rivolgono a te come autorità nell'ambito immobiliare, chiedi a loro consiglio se sei in dubbio su qualche problema. Nel nostro lavoro utilizzare le risorse umane è fondamentale.

I professionisti esistono, usali. Cerca di non avvicinarti con diffidenza, in questo caso otterrai ben poco accrescimento personale. I commercialisti, i notai, vanno consultati perché possono avere soluzioni che tu non riesci a immaginare; puoi imparare moltissimo e in poco tempo se fai tesoro di quelle che sono le vie inventate per trovare delle soluzioni.

Ai tempi dell'università ero preoccupata di andare a chiedere aiuto ai professori, temevo di disturbarli, di fare brutta figura.

Così la brutta figura la facevo in sede di esame, perché saltavano fuori nodi irrisolti.

Impariamo a chiedere, teniamoci in tasca le risposte per usarle in altre occasioni. Commercialisti, notai, consulenti, colleghi più anziani: rubiamo loro tutto quello che possiamo e cresceremo in fretta. Essere riconoscenti sempre è dovuto. Saper dire grazie per l'aiuto è un bellissimo atto.

SEGRETO n. 5: impara a usare i professionisti, ti renderanno la vita facile e potrai concentrarti maggiormente sul tuo successo.

Aprire la mente significa andare fiduciosi a scoprire cosa c'è dall'alta parte. Lo psicologo, questo sconosciuto, è uno strumento validissimo per andare oltre, capirsi ed evolversi. Ho sempre sostenuto che tutti dovrebbero frequentarne uno.

È un alleato validissimo che scioglie i nodi e ci cede una chiave per arrivare a comprendere le situazioni. La vecchia, seppur simpatica idea dello strizzacervelli, non rende onore a chi si dichiara una persona di buon senso, ma è anzi indice di chiusura e quella ci distrugge.

Giorgia e Mirko mi hanno aperto una grande quantità di porte, e ne apriremo ancora tante insieme. Conosci te stesso se vuoi arrivare a conoscere gli altri è una gran bella verità. Va vissuta. Tutto quello che io ho scritto lo vivo giornalmente.

Mi è stato insegnato di parlare al bambino che c'è in me. Esercizio che ormai pratico da anni e che produce due risultati straordinari in ordine di benessere.

Il primo è che ti confronti con te stesso e focalizzi gli obiettivi, il secondo, ancor più prodigioso, è che in questo modo non sei più solo, ma siete in due.

E in due si è molto più forti, in due si combatte meglio, il due raddoppia le tue potenzialità. Nel parlare con il bambino che è in te spesso ti troverai in disaccordo perché uno dei due lavorerà di pancia e l'altro di testa. Prendi il tuo taccuino e scrivi il titolo del problema.

Per esempio "Come mai oggi commetto tanti errori?". Oppure, "Come mai questa trattativa si è incagliata?".

Sotto scrivi la frase "Come lo risolviamo questo?". Annota la vostra conversazione. Esercizio demenziale? Tutt'altro. Un utile modo per mettere in evidenza i punti focali.

Scegli liberamente la tua via nella crescita personale, ma fallo. Non ti creare problemi nel quotidiano, renditi la vita facile. Il nostro lavoro fatto ai nostri livelli ti permette di sentirti realizzato sia sotto il profilo del successo, sia per ciò che concerne il ritorno economico.

Come variare il lavoro?
Come professionista immobiliare puoi lavorare dove vuoi, è un'altra nota positiva di questo mestiere. Come? Per esempio, potresti decidere di lavorare in una realtà diversa, potresti dare vita a un secondo luogo di lavoro.

Volti diversi, realtà diverse, possono aiutarci a vivere con un po' più di leggerezza, perché il sapore della novità aiuta ad accendere l'entusiasmo. Ricordo che l'entusiasmo è la base per diventare un ottimo professionista, amato e stimato, ricordato e apprezzato per capacità ed empatia.

La scelta di operare in un altro luogo o più luoghi prevede un invito a ragionare su questa che può essere una bella opportunità, ma di cui occorre valutare le criticità. Se arrivi dalla città la seconda zona di lavoro è solitamente il mare.

Esaminando il caso, tuttavia, occorre tenere presente alcune difficoltà che vedremo in seguito e che sono superabili con il metodo che io ho utilizzato in questi anni.

Supponendo di desiderare di aprire una piccola struttura al mare, ti troverai davanti a due problemi: il gran numero di altre agenzie presenti da tempo sulla piazza e l'impenetrabilità del tessuto cittadino.

Nel caso tu non abbia le spalle ben coperte, soccomberai in poco tempo. Non dimenticare mai che tu sei le tue relazioni e se non ne hai, e di solide, non hai futuro. Sia che il desiderio di lavorare altrove sia dettato da entusiasmo o dalla necessità di aumentare i tuoi introiti, sei destinato a scivolare.

Al fine di superare questo problema, ho applicato uno dei miei temi di sempre e che incontrerete ancora in queste pagine, lavoriamo da remoto.

Un'agenzia di zona già presente da tempo con cui condividere gli immobili che abbiamo in portafoglio è il metodo migliore per non perdere denaro e anzi introitarne; ogni agenzia è sempre ghiotta di nuovi immobili. Si guadagnerà tutti di meno, ma si guadagna.

Nella condivisione è molto importante avere saldamente in mano l'immobile, non si porta sul tavolo di un collega una cosa qualunque.

Arrivare preparato con la documentazione corretta, con belle foto da mettere in internet e buona conoscenza della storia dell'immobile, ti renderanno autorevole nei confronti dei colleghi e li convinceranno a lavorare con te in modo attivo.

Non commettere l'errore di consegnare l'immobile e dimenticartene perché i tuoi colleghi stessi se ne dimenticheranno e ci lavoreranno poco e male. Sii tu attivo per primo, stai sul pezzo.

RIEPILOGO DEL CAPITOLO 2:

- SEGRETO n. 1: formarsi e trasformarci alla ricerca del bello che c'è in noi e che ci gratifica.

- SEGRETO n. 2: scriviamo una lista di ciò che può aiutarci ad apprendere con levità.

- SEGRETO n. 3: crea il tuo personaggio, sarai unico e speciale.

- SEGRETO n. 4: se non ti piaci, non potrai piacere agli altri.

- SEGRETO n. 5: impara a usare i professionisti, ti renderanno la vita facile e potrai concentrarti maggiormente sul tuo successo.

Capitolo 3:
Come sono arrivata fin qui

Il mio percorso di studi portava da tutt'altra parte. Sognavo di essere uno scienziato forestale, insegnavo estimo ai geometri finché incontrai il ciclone Elena.

Lei, separata e con due figli, simpatica oltre modo, mi coinvolse nell'idea di aprire un'agenzia immobiliare. Qualcosa di riservato, poco urlato, elegante.

Il nostro obiettivo era rimanere concentrate sul lavoro e renderci la vita semplice. Da lei nacque la straordinaria idea, parliamo del 1992, del centro uffici. Un indirizzo di prestigio, un bel palazzo storico, un ottimo *accueil*, avevamo a disposizione un ufficio con terrazzo e una magnifica sala riunioni.

Nessuna preoccupazione, né di volture, né di cablaggi. Lampadine rotte, pulizie non erano un nostro problema. Nel corso degli anni, anche quando Elena scelse altre vie, io rimasi (e tuttora è così) convinta di questa scelta.

SEGRETO n. 1: rendersi la vita semplice eliminando preoccupazioni.

Grazie al centro uffici si è liberi, ci si può concentrare solo sul lavoro. Nel corso degli anni ci siamo allargati e ristretti acquisendo e cedendo vani a seconda della necessità.

Nei periodi top siamo arrivati a occupare un gran numero di vani, con l'arrivo della crisi ci siamo ridotti e poi allargati ancora.

Le grandi strutture non servono più. Potremmo tranquillamente lavorare con un pc e un gestionale. La forza dell'agente immobiliare sta soprattutto nel suo spessore professionale. Scegliere una location corretta, che non sia un peso, aumenta la nostra libertà. La flessibilità vince sempre.

Quando la nostra attività iniziò venticinque anni orsono, non avrei immaginato di ottenere i risultati avuti. Ci affacciamo su un mercato che sarebbe entrato in una crisi durata circa sette anni.

Una crisi certamente non grave come quella vissuta in questo ultimo periodo, ma abbastanza forte da offrire due scelte.

Ammettere che c'eravamo sbagliate e chiudere, oppure perseverare cercando soluzioni alternative. Fino a quell'epoca nessuno era portato alla collaborazione. Il precetto era: l'immobile l'ho acquisito io e io lo venderò. Occorreva ribaltare le regole, ancora prima di iniziare.

Capovolgemmo la realtà, decidemmo di seguire il cliente e la sua ricerca e di chiedere collaborazione a tutti. Era molto complicato, nessuno accettava questo modo di lavorare.

Solo dopo tanto insistere finalmente qualcuno accettò di aprire le collaborazioni. Ci trasformammo in quello che oggi è un lavoro riconosciuto, diventammo delle *house hunters*.

SEGRETO n. 2: ribaltare il modo di vedere le cose. La chiusura mentale non porta da nessuna parte.

Allora era tutto scritto su quaderni vari, quello della clientela, quello delle richieste, quello delle telefonate. Tutte cose ampiamente superate, con un buon gestionale possiamo avere tutto nel tablet.

SEGRETO n. 3: mai adeguarsi alla realtà, occorre svuotare il cervello e guardare le cose con occhi nuovi.

Capitando come ospite negli uffici di alcuni dei professionisti che ho formato, li vedo ancora usare le mie tecniche, alcune di queste sono ormai obsolete, occorre andare avanti e ricorrere a nuovi strumenti, non ci si deve legare alla formazione: acquisitore, venditore, segretaria. Quella storia è finita. Io mi sono attrezzata facendo lavorare quasi tutti da remoto.

C'è chi carica gli immobili sui portali, chi mi tiene la contabilità che prima di andare dal commercialista deve essere raccolta e selezionata sempre da remoto. I costi sono decisamente minori. Eppure sento trentenni che mi dicono: "Ma come posso stare senza una segretaria?".

Questa vecchia mentalità in un giovane mi stupisce tutte le volte.

A trent' anni è vietato legarsi a schemi sorpassati.

SEGRETO n. 4: ai giovani è vietato legarsi agli schemi del passato.

RIEPILOGO DEL CAPITOLO 3:

- SEGRETO n. 1: rendersi la vita semplice eliminando preoccupazioni.

- SEGRETO n. 2: ribaltare il modo di vedere le cose. La chiusura mentale non porta da nessuna parte.

- SEGRETO n. 3: mai adeguarsi alla realtà, occorre svuotare il cervello e guardare le cose con occhi nuovi.

- SEGRETO n. 4: ai giovani è vietato legarsi agli schemi del passato.

Capitolo 4:
Come raggiungere i massimi livelli professionali

Era, credo, il 1993, un nostro cliente parlando di sé stesso manifestò il desiderio di acquistare una casa a Parigi, e mi chiese se avevo conoscenze o contatti. Non ne avevo.

La sua richiesta mi diede tuttavia un brivido nella schiena, era una sfida che raccoglievo con la sensazione di fare qualcosa che gli altri non facevano. Dissi che mi sarei data da fare e buttammo giù l'elenco dei desiderati.

Una lista di ciò che doveva corrispondere alle sue necessità. L'appartamento doveva essere sito nel V arrondissement, piano alto, palazzo signorile. Un soggiorno con una camera, cucinotto e servizi.

Allora non avevamo tutta questa visibilità come oggi, tutt'altro, non esistevano portali, pochi siti internet. Iniziai a telefonare alle agenzie di zona per capire se avevano materiale a me utile. Poi, grazie anche a internet, mi facevo mandare delle foto e una scheda tecnica con le caratteristiche di ogni appartamento.

Non erano particolarmente accoglienti i parigini, tuttavia mi ero ormai infilata in una storia che doveva avere successo. Chi era vicino a me, remava contro dicendo che non avrei risolto, che la mia era solo una perdita di tempo e denaro.

Tutto quello che era possibile fare per demotivarmi venne fatto. Sollecitando i colleghi di Parigi fin quasi a farmi detestare, misi insieme il materiale necessario. Venticinque appartamenti fra cui scegliere.

Partii per Parigi dopo aver già scremato una buona parte degli appartamenti e aver preso accordi per gli appuntamenti. Vidi quindici appartamenti in due giorni, prendendo appunti su ogni cosa, scrivendo su dei fogli di carta le impressioni e le caratteristiche, nonché le criticità.

Non sono certo un genio matematico, ma riuscii a creare una

griglia nella quale, a mano a mano che vedevo le case, in base alla griglia si formava un punteggio. Alla fine ne derivò una lista delle case che maggiormente aderivano alle richieste.

Alla fine rimasero cinque appartamenti fra cui scegliere. Uno di questi venne acquistato dal mio cliente. Occorre grinta per raggiungere i risultati, mai come allora mi sentii grande. Ero stata, come spesso nella mia vita, contro tutto e tutti e avevo vinto.

SEGRETO n. 1: come comprare una casa a Parigi, abbattere le barriere mentali e ribellarsi a chi ti dice che non ce la farai mai.

Grandi tavoli

Il nostro lavoro può essere svolto in due modi: sul *retail* o sui grandi numeri. Entrambe le soluzioni sono interessanti, l'importante è sentirsi bene nella propria pelle/lavoro.

Noi possiamo vendere un box auto come una grande villa, o un intero stabile, naturalmente le soddisfazioni sono diverse. Volete guadagnare molto? Pensate in grande.

L'adrenalina nel caso delle grandi vendite corre nel corpo, la tensione e la concentrazione sono intense. Sedersi ai grandi tavoli di lavoro crea aspettative, costringe a esercitare la mente, obbliga ad essere ben presenti a sé stessi.

Quando parlo di grandi tavoli di lavoro, mi riferisco a compravendite importanti che prevedono l'interessamento di avvocati, commercialisti, consulenti finanziari.

SEGRETO n. 2: sei arrivato ai grandi tavoli e, poiché sei preparato, ti senti completamente a tuo agio. Non farti mai sorprendere impreparato.

Quando ci si confronta tra professionisti, è una delle più grandi soddisfazioni del mondo. Si passa dall'essere agenti immobiliari a professionisti immobiliari di spessore. Qui occorre sottolineare un aspetto importante.

Non soffrite di sindrome da sudditanza. Mai. Chi è nello staff di lavoro, spesso ne sa meno di voi. Ognuno ha il suo pezzo di opera da svolgere. Svolgerete il vostro con serenità.

Il passo successivo per diventare ancora più grandi, richiede la più efficace delle doti, ovvero la capacità di risolvere problemi. Lo so, se ne parla tanto del *problem solving*, ma a me piace identificarlo come ho imparato da mio marito Loris Trevisiol, dal quale ho assorbito molto sul tema lavoro.

Ero giovane quando l'ho conosciuto, ma la cosa che più mi affascinava della sua mente era la capacità di individuare un problema, scinderlo in tanti piccoli problemi e risolverli uno per volta. Ricordo che quando leggeva un documento, iniziava dalla primissima riga, quella prima dell'inizio del documento.

SEGRETO n. 3: un grande problema è formato da tanti piccoli problemi risolvibili.

Poteva essere un indirizzo, una data, qualunque cosa, ma lui non tralasciava nulla. Ho imparato da lui ad affrontare un passo per volta, a leggere minuziosamente i documenti, a non farmi travolgere dal desiderio di risolvere tutto e subito, ho imparato come lui dice spesso "Ad aspettare che maturino le nespole".

Prendi il Moleskine e scrivi questo problema: ho una casa con abusi edilizi, un pignoramento per mutuo non pagato, un amministratore di condominio arrabbiato a causa delle spese di condominio arretrate. La casa tuttavia è molto bella, bene esposta e a mio giudizio vendibile.

Qualcuno direbbe lasciamo stare e facciamo altro, per me è una bella sfida. Scrivi come risolveresti il problema, prima di leggere quale soluzione ho applicato io. La mia soluzione: prima di tutto ho consultato la mia geometra Anna Rita che è un ottimo Ctu e ha grande esperienza.

Ha recuperato un vecchio condono incompleto, fogli andati perduti nel caos, dalle firme e dai timbri abbiamo recuperato l'architetto che vent'anni anni orsono si occupò della pratica e abbiamo potuto dimostrare che era stata pagata un'oblazione. Problema numero uno risolto.

La banca. Mi sono recata in banca personalmente per capire la situazione del mutuo non pagato, che era stato sospeso per alcuni mesi. Sono stata messa in contatto con lo studio legale che seguiva la pratica e abbiamo concertato di muoverci insieme. Problema in via di soluzione.

Poi ho consegnato l'incarico di vendita all'amministratore perché potesse dimostrare agli altri condomini la volontà di vendere e pagare ciò che dovuto al condominio, e accettare di attendere quattro mesi prima di mettere a loro volta un pignoramento sulla casa. Problema in via di soluzione.

Definito il prezzo, abbiamo fatto eseguire un magnifico servizio fotografico e siamo usciti su tutti i canali di vendita in un colpo solo.

Tempo 45 giorni e avevamo la proposta di acquisto in tasca, in sei mesi rispettando i tempi delle banche abbiamo rogitato. Qualcun altro avrebbe rinunciato.

Un professionista immobiliare è tornato a casa con una provvigione di apprezzabilissimo valore e ha risolto un problema a due clienti e una banca.

Il mio obiettivo è sempre quello di dedicarmi in maniera totale e assoluta, capire, risolvere, aprire nuove porte e andare dritta alla meta. Tutto questo semplicemente perché mi diverto.

Alcuni anni orsono, ho avuto l'occasione di acquisire strutture importanti. Dopo aver passato alcuni giorni a studiare per capire l'intera operazione, presi appuntamento con i vari studi di commercialisti per verificare la possibilità di identificare un gruppo compratore.

Nessuna di queste persone mi conosceva, tutte erano disponibili e aperte allo sviluppo. Abituata a lavorare nel *retail*, dove ogni trattativa si scontra con i timori e la psicologia del compratore, mi ritrovai in un mondo parallelo fatto di esperti.

Un'esperienza di grande crescita personale. Non c'è limite a quello che possiamo dominare: ebbene, io l'ho vissuto.

Lo puoi vivere anche tu. L'importante è non farsi spaventare e non pensare di essere incapaci.

Tutti i limiti che ti crei e che cercano di crearti possono essere superati.

SEGRETO n. 4: i limiti sono fatti per essere superati.

Ci sono inverni della vita che ci bloccano, magari anche per lungo tempo, periodi di involuzione durante i quali ti sembra tutto difficile, tutto contro, è così.

Questi periodi capitano a ciascuno di noi, fanno parte del vivere.

Sta a noi decidere quando e in quale modo rinascere. Siamo noi a scegliere se vogliamo stare male o se vogliamo stare bene.

Certo non è facile, occorre farsi aiutare da chi ci vuole bene, da amici, da psicologi, e qui torno a dirti di usare i tuoi professionisti.

Ci sarà chi ti remerà contro di te. Chi avrà dubbi sui tuoi successi. I successi appartengono ai temerari. Ho venduto case in Italia e nel mondo, e ogni volta era una sfida.

Pensa a questo. Quanti altri lavori ti permettono di essere indipendente, stimato, di avere ottimi guadagni e per giunta di divertirti?

RIEPILOGO DEL CAPITOLO 4:

- SEGRETO n. 1: come comprare una casa a Parigi, abbattere le barriere mentali e ribellarsi a chi ti dice che non ce la farai mai.

- SEGRETO n. 2: sei arrivato ai grandi tavoli e, poiché sei preparato, ti senti completamente a tuo agio. Non farti mai sorprendere impreparato.

- SEGRETO n. 3: un grande problema è formato da tanti piccoli problemi risolvibili.

- SEGRETO n. 4: i limiti sono fatti per essere superati.

Capitolo 5:
Come gestire efficacemente il proprio cliente

Cosa vuol dire gestire il cliente? Significa utilizzare le stesse formule che usi per gestire te stesso. Il cliente non deve essere stressato, né manipolato. Occorre dargli la possibilità di comprendere il disegno che hai in mente e lavorare su quello.

Potrei riassumere quello che ho in mente in tre frasi:
- farlo sentire a proprio agio
- usare i professionisti
- trovare insieme le chiavi.

Far sentire a proprio agio chi ti è davanti è un esercizio di qualità che rispecchia quanto detto nel capitolo relativo alla gestione di noi stessi.

Ognuno di noi ha dei canali preferenziali, noi probabilmente conosciamo i nostri, non è difficile riconoscere quelli degli altri.

Uno specialista in corsi di comunicazione ti aprirà mondi sconosciuti. Scoprirai come sia facile entrare in sintonia con il cliente, quanto sia interessante valutare la persona che hai di fronte.

Ho scritto valutare, non giudicare. Valutare il suo aspetto, i suoi movimenti, lo sguardo, i segni del volto. Questo meraviglioso mondo, quando ben gestito, ti permetterà di rendere più gradevole la conversazione, di appassionarti alla persona con cui colloqui.

L'approccio è la partenza vincente. Un approccio negativo dovrà prevedere un lungo e difficile percorso di recupero. Occorre iniziare bene, in modo positivo.

Cercare di rendersi gradevoli è un piacevole esercizio giornaliero che conduce alla ricerca dell'assonanza e della sintonia con chi ti è vicino.

Abbiamo detto che ognuno di noi utilizza maggiormente la facoltà visiva, uditiva, cinestesica, quindi anche gli altri lo fanno. Spesso si sovrappongono, si mischiano. Un artista pittore, un grafico, hanno sicuramente molto sviluppato questo canale, sia in senso positivo sia negativo; tenderanno ad ammirare un bell'ambiente, ma anche a strizzare gli occhi se c'è troppa luce.

Useranno termini come "guarda", "vedi". Un uditivo apprezza la musica ma anche un bel silenzio, mal sopporta i rumori sgradevoli e improvvisi che lo innervosiscono molto, i suoi termini sono "ascolta", "senti" ecc.

Un cinestesico cercherà di sistemarsi nel modo più comodo possibile e avrà la tendenza ad accarezzarsi le braccia, le mani, il viso. Questo significa che una volta individuato il canale preferenziale occorre che ti sposti su quello e seguire e partecipare ai ragionamenti su quei canali.

Già da molti anni ci si è resi conto che la comunicazione si basa in modesta percentuale sul linguaggio, in ampia percentuale sul linguaggio corporeo e per il resto dipende dal tono di voce, dalla velocità con cui si parla o dal volume.

Quindi occorre iniziare bene, in modo positivo. Questo non

significa aprirsi in ridicoli sorrisi commerciali, non siamo dei buffoni, siamo dei professionisti che approcciano in maniera gradevole, spontanea.

Nel dare la mano, il tuo sguardo è semplice e diretto, la mano donata con serietà né troppo morbida, né troppo rigida. Non si strizzano le mani, le serri e basta. Sulla stretta di mano ci sono molte cose da dire, molti particolari che ti rivelano chi hai di fronte.

Un esempio per tutti: se chi ti stringe la mano tenderà a mettere il suo palmo sopra il tuo non in senso verticale, ma appoggiando la sua mano sulla tua in senso orizzontale, il segnale è di dominanza.

Non serve essere eccessivamente scherzosi, questo spesso irrita i clienti, a meno che la tua vena sia veramente sincera e tu sia un comico nato, con tempi e pause date solo a chi ha questo dono di natura. Altrimenti astieniti.

Impara a prendere le misure. Nel nostro lavoro saper gestire le persone che ci circondano e le situazioni che si presentano all'improvviso è cardine della nostra sopravvivenza psicologica.

In realtà lo è per la gran parte delle professioni. Un medico deve necessariamente prendere le distanze dai mali dei suoi pazienti che diversamente lo fagociterebbero.

Come essere umano ti capiterà di farti coinvolgere per i più vari motivi, ma questo è un errore. Come puoi ovviare a questo aspetto? Mettendo in pratica quella parte di te che difende se stessa. Andiamo nello specifico.

Ti capita spesso di essere travolto dai mille problemi della tua clientela, di doverne gestire una decina al giorno. Per ognuno dei tuoi clienti, il suo problema è il più importante di tutti e te lo comunica con ansia e agitazione, tentando inconsciamente di trascinarti nel turbine dei suoi timori. Vivresti di picchi adrenalinici se non imparassi a difenderti.

Qual è la soluzione? Quale il comportamento corretto? Prima di tutto occorre ascoltare il cliente, non sono molte le persone che praticano l'ascolto, ma il tuo cliente ne ha necessità per esprimere il suo disagio.

Occorre che sia tu a guidarlo in questa fase. Poni domande basilari per comprendere il problema e definisci due scelte: la prima è verificare se occorre agire rapidamente, la seconda se è meglio attendere che la situazione si calmi.

Questa è una vera e propria scelta basata sull'analisi della situazione. È veramente un'urgenza? In questo caso ci si muove. È solo un momento di panico del cliente? Aspettiamo la calma. Questo è un esempio di come gestire una situazione e non farsi gestire.

SEGRETO n. 1: gestire il cliente significa applicare le stesse tecniche utilizzate per gestire noi stessi.

Iniziamo a capire cosa è gradito e cosa non lo è al cliente. Poiché ognuno di noi, come già detto, utilizza dei canali preferenziali, tendiamo a pensare che siano gli stessi degli altri. Ma non è così.

Ciascuno ha i propri e su quelli lavoriamo per acquisire la fiducia del cliente; si cerca di parlare la stessa lingua e quindi di comprendersi, mettendosi sulla stessa lunghezza d'onda. Desideri stare e bene e far stare bene i tuoi clienti, metterli a proprio agio, ben disporli verso di te.

SEGRETO n. 2: ogni cliente ha un suo canale preferenziale, individuiamolo e usiamolo per farlo sentire maggiormente a suo agio.

Tutto questo può essere fatto a una condizione sola: non mentire mai. Non fingere di interessarti, non servirebbe. Ci sono migliaia di piccoli gesti che ti smentirebbero davanti ai clienti, poiché, come si sa, il linguaggio del corpo non mente.

Allo stesso tempo non sei un missionario, ma non cerchi neppure la guerra, tu ricerchi la mediazione, perché sei flessibile e cerchi di andare incontro alle necessità di chi hai di fronte.

SEGRETO n. 3: noi non fingiamo interessamento, noi siamo sinceramente interessati alla situazione. Questa è la base su cui poggia tutta la nostra teoria; se questo non fa parte del

vostro modo di pensare, lasciate stare e leggete altro.

Da dove iniziare per portare avanti questo percorso? Facile, lo abbiamo già detto: iniziamo proprio da te. Dal luogo in cui ricevi, da come ti vesti, dal tipo di approccio che hai.

Sentirti a posto nei tuoi abiti scelti per il piacere di portarli ti rende gradevole, avere un piccolo studio, curato sui canali della buona fa stare bene la tua clientela e la fa sentire a suo agio.

È forse meglio ricevere in un cantiere, freddo o troppo caldo, in mezzo alla polvere e agli operai che procurano ogni genere di rumore, o creare un piccolo ufficio, un ambiente tranquillo, sereno e confortevole, dove accogliere le persone?

Occorre avere ben chiara nella nostra mente che quel cliente in quel momento è la persona per te più importante, quella a cui puoi portare benefici e da cui ne riceverai altrettanti.

Cosa, come, quando lo decide il cliente
Ho imparato da tempo ad essere il semplice specchio di ciò che il

cliente desidera, inutile e nocivo pensare di indirizzarlo forzandolo. Ci è stato insegnato che il cervello funziona come una molla: più lo spingiamo in un verso più ci respinge verso quello contrario. Gli esempi qui sono moltissimi.

Li vivo tutti i giorni. se una persona interessata a un immobile si sente dire "forse questa casa non fa al caso suo", si scatena immediatamente il desiderio contrario. Se parliamo di un immobile che rispecchia solo in parte i desiderata del cliente e lo si invita a rinunciarvi, sarà lui a volerlo visitare ugualmente.

Nel momento in cui affermo, per qualsivoglia ragione, questo oggetto non fa per lei, automaticamente diventa interessante, perché il cliente vuole decidere da sé cosa è o non è interessante. Ognuno si convince per le ragioni che trova da sé.

Arriviamo infine alla trattativa: questa viene vista come una sfida a braccio di ferro. Non si tratta della mia visione. Trattativa significa trovare un punto d'incontro che renda entrambe le parti soddisfatte.

Se riuscissimo a ignorare l'idea di vittoria sulla controparte, avremmo maggiori operazioni portate a buon fine e molto meno stress addosso.

La disamina della situazione in cui si valutano tutti gli aspetti positivi e le criticità fa parte del nostro lavoro. Occorre conoscere a fondo la materia, nel caso l'operazione, arrivare preparati, ed essere autorevoli. Non è mai una buona cosa farci sorprendere.

Noi non alziamo la voce. Siamo gli arbitri di una trattativa e la conduciamo aiutando i clienti a chiarirsi le idee da soli. Il percorso della trattativa segue un iter di domande che servono a far realizzare da soli ai clienti la realtà.

Non v'è nulla di peggio di voler convincere il cliente con l'imposizione o attraverso una subdola persuasione. Ripeto ancora una volta, occorre studiare l'operazione e porre semplici domande che inducano alla riflessione chi avete di fronte.

Frasi come "io credo che", "io penso che" devono essere dimenticate e allo stesso modo abolite il "Lei dovrebbe". La persona che deve definire una scelta ne vuole essere artefice, pertanto non deve nulla a nessuno, tanto meno a noi. Osservando l'operazione che abbiamo sul tavolo quello che potremo fare sono delle semplici domande.

"Lei crede che sia più opportuno operare questa scelta o quell'altra?". Consegnando sempre due possibilità di risposta. Pilotare una trattativa in questo senso significa porre due domande al cliente alle quali sarà lui a rispondere facendosene una ragione da solo.

SEGRETO n. 4: il cliente decide per le ragioni che trova da sé.

Come crearsi degli ottimi collaboratori

La risorsa umana è a mio avviso la parte più difficile nel nostro lavoro. Giovani poco motivati che lavorano solo per arrivare a fine mese, senza alcun affetto per quello che viene fatto. Eppure i collaboratori sono lo staff che ti sorregge, ti gestisce gli affari minori e ti può trasmettere nuove idee se è contento di lavorare con te.

Gianluca vive quotidianamente, a suo modo, la vita dello Studio. Ha ottime qualità in quanto figlio d'arte. Un ragazzo a cui puoi chiedere di partire la notte, fare 500 chilometri e ritornare il mattino dopo con i documenti firmati. Una dinamicità inarrestabile.

Sta per arrivare nel mio studio una giovane donna che si occuperà di Facebook; è un personaggio interessante che mi ha aperto delle prospettive che nessuno ancora mi aveva fatto intravedere. Caterina, trent'anni, un diploma di grafico alle spalle, decide di fare un lavoro che fino a qualche anno fa neppure esisteva.

Quello dei social e la loro gestione è un'opportunità che ti dà una visibilità eccellente, ma occorre saperlo fare. Lavorerà da remoto, ma quando ci incontreremo so già che le sue relazioni saranno interessanti.

Come gestisce una vendita, oggi, un professionista immobiliare
La rapidità con cui è cambiato il mercato in questi ultimi anni e le difficoltà dovute alla grave crisi avvenuta, hanno messo in chiaro

che la vecchia metodologia di vendita non esiste più.

Terminati i tempi in cui si appendeva un cartello e si aspettava fiduciosamente la telefonata, oggi la vendita deve essere inventata, bisogna trovare soluzioni che strutturino un piano grazie al quale possiamo arrivare al successo.

La vendita inizia da una buona acquisizione e per gettare delle solide fondamenta occorre conoscere la storia dell'immobile; infatti, senza questa non è possibile eseguire una stima valida.

L'iter è avere tra le proprie mani e leggere con cura l'atto di provenienza, le visure, e via dicendo. Uno dei punti cardine su cui oggi abbiamo tutti dei problemi sono relativi ad appartamenti molto grandi.

Unità abitative oltre i 350 metri quadrati adatte a famiglie d'altri tempi, accatastati come alloggi di lusso e con una mole di tasse e spese che li rendono poco appetibili.

Le famiglione oggi sono poche, pertanto la richiesta di pezzatura degli appartamenti si è formidabilmente ridotta; inoltre, questi anni di crisi hanno inculcato nel compratore l'idea che di certezze economiche non ve ne sono più e si è tutti diventati attenti a non sobbarcarsi eccessive spese.

Come dare maggiori possibilità di vendita al proprietario? Studiando tutte le vie percorribili. Mettere sul mercato l'appartamento così com'è, limandone il prezzo in funzione dell'eccesso di tasse, verificare la possibilità di dividerlo e offrire due appartamenti meno ingombranti, farsi fare un piccolo progetto da un amico architetto, e mostrare al cliente le varie opportunità.

Ci sono anche agenzie specializzate che si occupano di fare questo lavoro di divisione e ristrutturazione. Così facendo, possiamo giocare su tre tavoli e a questo punto presentare tre soluzioni abitative.

Segue il lancio sul mercato, grazie all'operato di un fotografo professionista che scatti delle foto da poter pubblicare su portali, siti interattivi, Facebook, Google ecc. Anche qui una specifica.

Studiatevi i professionisti che possono meglio aiutarvi in questa cavalcata. I nomi importanti non contano, conta chi vi segue.

Abbiate siti aggiornati, fatevi seguire su Facebook, come ho più volte detto. Usate i professionisti. Come potete osservare in tutto lo scritto io vi raccomando di usare professionisti da remoto. La scatola ufficio, se siete un professionista immobiliare, serve a poco, i soldi necessari per mantenere una struttura vi serviranno per pagare ben altre opportunità di ritorno come per esempio la pubblicità.

Su questa parte della vendita, credo sia opportuno approfondire le possibilità. Terminato il periodo in cui il cartaceo la faceva da padrone, in cui il volano della vendita impiegava circa venti giorni a girare, oggi ci ritroviamo catapultati in una realtà per cui, appena caricato un immobile sul portale, riceviamo le telefonate più interessanti, grazie a un sistema per cui l'utente registrandosi può ricevere immediate richiamate telefoniche per avere maggiori specifiche.

Non sta a me indicare i migliori portali, ma è facile realizzarlo tramite una banale *diligence*. Sicuramente è da porre l'accento su Facebook, che può portare risultati notevolissimi, costruendo una storia intorno a voi come personaggio immobiliare.

Importante: tutte queste cose fanno vendere e favoriscono le altre strutture. Occorre tuttavia fare qualcosa per la vostra azienda, un buon sito internet, ben seguito, vi renderà ancora più riconoscibili rispetto al mercato.

Tutto questo sembra facile ma non lo è; anche qui bisogna porre solide radici. Scegliete con cura chi vi seguirà, guardate altri siti, informatevi, non fatevi prendere dal primo che passa, fissate molti appuntamenti e cercate di capire chi è il migliore, facendovi aiutare anche da amici. Ricordate però che questa volta il cliente siete voi e vi convincerete solo per le ragioni trovate da voi.

SEGRETO n. 5: costruire una vendita è solo questione di buone e solide basi.

Incidenti di percorso

Molti anni orsono nel corso di una trattativa immobiliare si venne a creare una situazione delicata. Uno dei venditori (si trattava di due fratelli) non voleva procedere nell'alienazione del bene e inoltre sugli immobili risultarono esserci degli abusi edilizi.

Ero molto più giovane e mi spaventai di fronte a quegli inattesi avvenimenti. Il compratore percepì il mio disagio: laureato in economia e solido imprenditore, mi disse una frase che ormai mi accompagna in ogni trattativa anche se sono passati 25 anni.

"Guardi, dottoressa Enrici, che questo è solo un incidente di percorso". Franco F. mi aveva consegnato una realtà che è entrata a far parte della mia solida preparazione.

Cosa ho imparato e cosa ti insegno. Tu puoi farti cogliere impreparato per due ragioni. Quella tecnica e quella psicologica. Se vuoi diventare un professionista immobiliare, l'operazione deve essere studiata nei dettagli, impensabile arrivare ed essere all'oscuro di un abuso edilizio.

Ritorno a dire, usate i professionisti. Esaminate, prima della vendita, con il geometra di fiducia la situazione. Non fatevi sorprendere altrimenti sarete solo un semplice venditore. Quindi, scrivete sul Moleskine: appena si acquisisce un bene, studiate a fondo l'intensa storia dell'immobile.

Parliamo dell'aspetto psicologico. Ti capiterà spesso di avere a che fare con stati d'ansia del tuo cliente. Tutto quello che abbiamo scritto in questo manuale è destinato a fare in modo che tu possa gestirlo. Una persona spaventata è pericolosa perché perde di vista gli obiettivi.

Nelle pagine precedenti abbiamo visto più volte che il segreto sta nel non farsi coinvolgere dalle sue paure, nell'aiutarlo nel percorso dove da solo ritroverà le ragioni. La domanda sarà "Come ritiene di proseguire?". "Vuole che riesaminiamo la situazione o vuole sospendere per qualche istante?".

La vostra voce sarà rassicurante e lui deciderà per le ragioni che trova da sé. Sicuramente stai pensando "E se vuole sospendere?". Come già sai, nulla è perduto, occorre solo far maturare le nespole. È solo un incidente di percorso.

Incidente di percorso n. 2

Sapersi fare da parte. Immagina di avere applicato tutte le tecniche per creare un rapporto empatico fra i tuoi clienti e te. Hai a cuore la situazione e stai dando il meglio di te. Eppure in qualcuno crei irritazione o disagio. Devi fare un bel passo indietro e lasciare andare avanti nella trattativa un tuo collaboratore.

Ogni volta che mi sono resa conto di non essere gradita, ho fatto in modo di farmi sostituire. Impossibile piacere a tutti, e non vogliamo che il nostro stupido egoismo mandi a monte un'operazione.

Nel 2000 il mio studio ebbe l'incarico di frazionare un grosso immobile in una parte povera della città. Gli utenti erano per lo più extracomunitari. Gente umile dedita al lavoro e al mantenimento delle proprie famiglie.

Andai con un mio collaboratore, Giancarlo, a parlare con loro e mi accorsi subito che, mentre parlavo, loro volgevano lo sguardo verso Giancarlo.

Avevano difficoltà a trattare con una donna. Lasciai che procedesse Giancarlo da solo. In breve tempo divenne buon conoscente di tutti e pilotò ottimamente la situazione. Se per il mio orgoglio professionale avessi insistito sulla mia strada, non saremmo giunti da nessuna parte.

SEGRETO n. 6: bisogna saper accettare gli incidenti di percorso e scoprire come farne tesoro.

I collaboratori, preziosi sostituti di noi stessi

Perdere la pazienza con il cliente. Con mio sommo stupore ho spesso assistito a scene in cui il mediatore immobiliare alzava i toni. Ho visto avvocati urlare, commercialisti imbestialire, notai arruffare le penne da pavone. Tutto sbagliato. Se questi professionisti non hanno le basi per controllare sè stessi, sono a mio avviso professionisti a metà.

Il nostro lavoro prevede l'essere diplomatici, il tenere i toni adeguati e civili. Urla in faccia al tuo cliente, dai una risposta seccata e innescherai un effetto di negatività che aumenterà nel prosieguo del vostro rapporto.

I clienti difficili esistono, e ce ne sono tanti per le più varie ragioni. A volte sono arroganti, a volte avari, a volte solo spaventati. Spesso cercheranno il tuo lato debole per ferirti. A volte tentano di ferire e basta.

Inutile scaldarsi, dietro ognuno di loro c'è una storia che li ha portati ad essere così. Nel nostro lavoro essere pazienti premia. Rispondere con toni calmi e rasserenanti alle polemiche fa bene al tuo fisico e alla mente del tuo cliente. Smetterà di aggredirti perché non troverà terreno fertile.

C'è una frase chi mi venne insegnata tempo fa da un vero lord. All'attacco scoordinato di un cliente rispose con calma serafica. "La invito a riflettere su ciò che ha affermato". Lo bloccò, non disse più una parola. Una calma autorevolezza l'aveva schiacciato.

Desidero anche indurti a riflettere su cosa fare quando accadimenti poco graditi intervengono e ci toccano. Quelli che Giacomo chiama i gelidi inverni. Sapersi fermare fa parte del lavoro, prendersi mezzo pomeriggio per metabolizzare un accadimento lascerà nell'animo del bene e noi abbiamo detto che per dare il meglio di noi occorre volersi bene.

A questo proposito vorrei portare un esempio di una decina di anni orsono che mi mise faccia a faccia con questo concetto. Ero in studio con Elisa Marianini e Mattia Di Stasio, i miei più stretti collaboratori, arrivò una telefonata in cui mi venne comunicata la dipartita di un caro parente, posai il telefono e dopo pochi minuti ricominciai a lavorare, travolta dai problemi.

Solo verso sera mi resi conto di non essermi fermata, di non aver dedicato del tempo a quell'amata figura, davanti al cumulo di lavoro avevo trascurato la morte di una persona cara.

In quel ripensamento serale mi dissi che non sarebbe più successo. Lo meritava la memoria di quella persona, lo meritavo io di passare un poco di tempo a ricordare le cose fatte insieme e accarezzarne così la malinconia. Ho voluto imparare a non ignorare accadimenti, a coglierne il significato.

Questo in altri termini si chiama lavorare su sé stessi. Se è vero che nulla accade per caso, la perdita di una persona, un ostacolo particolarmente impervio hanno in sé anche un valore di crescita che non può essere ignorato. Occorre fermarsi, guardare l'accadimento, guardare dentro di sé e dare un senso a quegli istanti.

Dunque l'inverno ha un suo valore. Ognuno di noi ha vissuto il suo personale inverno, magari più volte. Momenti difficili in cui si fatica a intravedere la luce nel buio. In cui ci si muove male, sbandando, cadendo.

La soluzione all'inverno in assoluto non c'è, ognuno reagisce a suo modo, ma sicuramente è importante lasciarci aiutare da chi abbiamo intorno.

Mostrare la propria sofferenza non è un sintomo di fragilità, a meno che questo diventi un circolo vizioso. In cui ci si pone come vittime incapaci di riprenderci. Chiediamo aiuto e facciamone tesoro. Essere dei professionisti immobiliari prevede analizzare se e quando occorre chiedere aiuto e non avere paura di farlo.

La corretta impostazione lavoro-pausa-piacere può essere

sostituita dal lavoro-pausa-riflessione. Io ho portato un esempio tutto sommato lieve di inverno. Tutti viviamo momenti di espansione e di restrizione. Una perdita. Dei disaccordi familiari.

In espansione ci sentiamo forti, addirittura invincibili, nei periodi di restrizione sembra di non sapere più che scelta operare. Il mondo intorno a noi ci tenderà la mano e avremo l'umiltà di prenderla.

"Pensare in grande", la prima volta che ho sentito questa frase credevo fosse rivolta solo a produrre tanto denaro. Riflettendoci, poi nel tempo, mi sono resa conto di quante persone nella mia vita, proprio perché pensavano in grande, hanno realizzato cose importanti. Massimo B., ex industriale e caro amico, ha sempre pensato in grande pur mantenendo un suo stile di vita semplice e cristallino.

Grazie alla sua passione per la montagna ha ridato vita non a una baita, ma a un borgo intero. Una landa graziosa, ma letteralmente malandata e trascurata, è stata reinterpretata con passione e amore da lui e da sua moglie Alessandra.

LORELLA ENRICI – PROFESSIONISTA IMMOBILIARE

Mio padre ha sempre pensato in grande. Grandi la sua simpatia, la sua allegria, la sua capacità di essere felice. Il suo sogno in grande era trasformare Cuneo da piccola realtà di passaggio a città di turismo. Un punto per visitare le sette valli che la circondano.

Era la metà degli anni Settanta quando iniziò a espandere la sua idea.

Creò con grande fatica un consorzio di imprenditori turistici, nel quale volle comprendere non solo le strutture alberghiere e di ricezione, ma anche la cascina particolare che produceva marmellate speciali, la macelleria antica, i produttori di vino.

Antesignano di Farinetti, perché parliamo di un periodo lontano in cui non esisteva un concetto così evoluto di turismo. Il consorzio decollò con molta fatica, poi divenne un super consorzio, una realtà lavorativa importante.

Aveva infranto le barriere, aveva convinto gli inconvincibili che potevamo proporci come una realtà diversa, per questo ha ricevuto il cavalierato del lavoro.

Quindi, quando ti dicono di no, ti dicono che è impossibile, che non puoi diventare un'autorità in materia, che non puoi vendere case nel mondo partendo dal nulla come ho fatto io, che un vecchio borgo non può tornare ad essere una bomboniera, ebbene, tira innanzi e non ci credere.

Moleskine: se dovessi fare qualcosa di veramente grande a cosa penserei?

SEGRETO n. 7: pensa in grande.

RIEPILOGO DEL CAPITOLO 5:

- SEGRETO n. 1: gestire il cliente significa applicare le stesse tecniche utilizzate per gestire noi stessi.

- SEGRETO n. 2: ogni cliente ha un suo canale preferenziale, individuiamolo e usiamolo per farlo sentire maggiormente a suo agio.

- SEGRETO n. 3: noi non fingiamo interessamento, noi siamo sinceramente interessati alla situazione. Questa è la base su cui poggia tutta la nostra teoria; se questo non fa parte del vostro modo di pensare, lasciate stare e leggete altro.

- SEGRETO n. 4: il cliente decide per le ragioni che trova da sé.

- SEGRETO n. 5: costruire una vendita è solo questione di buone e solide basi.

- SEGRETO n. 6: bisogna saper accettare gli incidenti di percorso e scoprire come farne tesoro.

- SEGRETO n. 7: pensa in grande.

Conclusione

Sintetizzare e schematizzare è ciò che ho cercato di fare fin qui per permettere a chi legge di recepire e metabolizzare gli argomenti trattati.

Decidi quali sono gli obiettivi che vuoi raggiungere nel lavoro e poi lascia campo libero all'operatività. Gestire il proprio tempo di lavoro prevede che tu dia delle priorità e che tu sia organizzato per farlo.

Prendi il tuo fido Moleskine e indica dieci compiti che hai da svolgere. Per esempio dieci telefonate. Scrivile e dai un numero in ordine di priorità: uno se è urgente fino a dieci il meno urgente. Ricordiamoci che parliamo di lavoro.

Se stai aspettando risposte da banche, consulenti tecnici, agenti colleghi, è inutile chiamare il venerdì pomeriggio. Sono già pronti con gli sci in auto se è inverno e con i teli da mare se è estate, dimenticheranno all'istante la tua telefonata. Sii organizzato anche in queste cose, meglio inviare una mail che visualizzeranno e riguarderanno il lunedì mattina, darà maggiori frutti.

Quando fai una telefonata importante, programmane il contenuto prima, segnati i punti essenziali del discorso sul taccuino, alla telefonata fai seguire una breve mail di riepilogo. Dimostrerai di essere sintetico e organizzato.

Rinviare telefonate quando sono poco gradevoli non ti aiuta, anzi rallenterà il procedere del lavoro.

Ancora sull'organizzazione: se devi scrivere una relazione, non attendere il giorno prima della consegna. Non ridurti all'ultimo. Le scadenze sono importanti per dare alla tua persona autorevolezza. Una relazione mal scritta – difficilmente quello che fai in fretta funziona – rovinerà la tua immagine.

Io, quando scrivo una relazione o un contratto, lo imposto con buon anticipo, li rileggo ogni giorno e ogni giorno trovo nuovi spunti e chiarimenti da effettuare.

Organizzarti significa anche saper dire di no. Capiteranno sulla tua scrivania proposte di ogni genere. Esaminale tutte, hai fogli bianchi da riempire per comprendere se sono di tuo interesse o no.

Nel capitolo in cui ho raccontato come vendere un immobile dalla maggior parte delle persone considerato troppo difficile, ho introdotto una premessa "L'appartamento era bello e aveva buone potenzialità di vendita".

La domanda che dovete farvi prima di iniziare il lavoro è questa. Le difficoltà si superano solo se prima si sono valutate positivamente le sue potenzialità.

L'autodisciplina fa parte della nostra quotidianità non soltanto per ciò che dobbiamo ai nostri clienti ma anche e soprattutto per ciò che dobbiamo a noi stessi. Sarai attento, vigile, entusiasta.

Concludi ogni giornata con risultati positivi
I successi sono grandi e piccoli. Il nostro lavoro è fatto di semina e raccolta. Seminiamo quando acquisiamo, per esempio: "una buona acquisizione fa la vendita", si dice in gergo immobiliare.

Rimane il lungo iter della vendita, ma intanto è stato fatto un grande passo per il successo.

Approfitta di questi momenti precedenti alla conclusione dell'operazione, ti motivano ad andare avanti. La vita è ciò che ti accade, quando sei intento a fare altri piani, diceva John Lennon.

Quindi vivi oggi e adesso, agisci e non aspettare. Obiettivi e programmi sono una solida base per poi agire, perché, se alla programmazione non fai seguire l'azione, rimarrai fermo al palo.

Obiettivi, programmi, preparazione

La preparazione è quell'azione per cui non ti farai sorprendere incapace di dare risposte. Le pagine sono quelle che ho dedicato all'uso dei professionisti; scusa l'insistenza, i professionisti vanno usati. Aiutano, risolvono, abbassano il tuo costo psicologico per risolvere il problema.

Il tuo ambiente di lavoro

Oggi abbiamo mezzi per cui noi professionisti possiamo lavorare ovunque. Un pc, una poltrona e un telefono sono più che sufficienti per svolgere i tuoi adempimenti. I grandi uffici di rappresentanza sono solo un inutile peso, una gradevole location invece può aiutare.

In realtà il nostro vero ambiente di lavoro oggi è il pc o se preferisci la tua scrivania. I fascicoli ordinati per priorità di controllo, il tuo Moleskine nella borsa, un planning perché i tuoi collaboratori possano rimanere aggiornati sui tuoi movimenti.

La mia scrivania non è ordinata, mi piace avere il controllo visivo del lavoro da svolgere e, se archivio il lavoro, temo di dimenticarlo. Non lo considero grave, a me piace così e nel mio pseudo disordine, dove ci sono anche le foto dei cani e della mia famiglia, mi trovo a strapparmi un sorriso, il che non fa male.

Si dice che il mondo fisico sia espressione di un ordine mentale e che l'ordine fisico aiuti l'ordine mentale. Nel lavoro non posso che dare ragione a questa priorità. A me però un tocco di disordine produce allegria. Ora decidete voi.

Le riunioni

C'è un tema urgente da affrontare. Hai appena preso incarico per un cantiere importante. La proprietà ha poco tempo per seguirti perché oberata da mille problemi. I collaboratori sono demotivati perché pensavano in vendite più rapide.

Riunione subito e al più presto. La prima con il tuo staff. Sarai tu il motore che farà girare la vettura. T'informerai, chiederai parere a chi lavora con te. Spingerai il tuo team a trovare soluzioni per incrementare le vendite.

Raccolte tutte le idee andrai dalla proprietà, fisserai l'appuntamento con loro e preparerai una relazione per far comprendere come sia importante per te la loro soddisfazione.

Le riunioni non devono essere mai fissate a ridosso di altri appuntamenti perché il cervello di chi dovrebbe essere con voi è già altrove. Sono brevi e concentrate, possibilmente quando si è più freschi, al mattino, prima della pausa pranzo o dopo di questa.

Quando le riunioni sono terminate occorre agire subito, come al solito dopo l'obiettivo segue l'azione.

Le emergenze

Abbiamo parlato di quanto sia importante che tu non ti faccia prendere dall'ansia della clientela che considera il suo attuale problema il più grande di tutti. Prendi le distanze, analizza e verifica se operare o attendere. Mai affrontare le difficoltà immediatamente e impulsivamente.

Gli strumenti

Immagina di essere un primo chirurgo in una sala operatoria: hai a disposizione uno staff completo, te lo sei scelto, lo hai allevato e le tecnologie di oggi ti offrono la possibilità di dare sopravvivenza anche nei casi più gravi.

Immagina di essere stato un altro chirurgo anche solo cinquant'anni orsono o un chirurgo che operi nelle zone disastrate del mondo. Hai poco o niente se non la tua abilità e qualche aiuto.

Noi professionisti immobiliari, oggi, siamo al massimo delle nostre possibilità, siamo al posto del primo chirurgo. In questi ultimi dieci anni la realtà della comunicazione ci ha reso le vendite molto più rapide. Abbiamo gestionali immobiliari, portali nazionali e mondiali, social network che ci danno grande visibilità. Usiamoli.

Fai fare da remoto i tuoi caricamenti sui portali e poi controllali a giorni alterni, fatti seguire per Facebook da un professionista del ramo. Puoi provarci da solo, ma ho visto che la maggior parte delle persone che ci ha provato ha speso molto e avuto poco ritorno.

Una pagina Facebook ben seguita da remoto può per esempio creare una storia intorno a te ed è un modo per far accrescere la tua visibilità. Il sito internet è uno strumento prezioso perché è la tua vetrina. Visitalo spesso e tienilo aggiornato.

Un lavoro che devi fare quotidianamente è monitorarti su questi canali, per capire quanto funziona la tua visibilità. Se hai caricato degli immobili, verificane la posizione sui portali, preoccupati di promuoverla, spendere ti farà guadagnare di più.

Siamo giunti al termine del nostro percorso
O forse dovrei dire all'inizio. Se io fossi in te ricomincerei a

leggere tutto daccapo, mi comprerei un nuovo taccuino, rifarei gli esercizi, sottolineerei sul libro le cose che vorrei approfondire. Io faccio sempre così. Leggo tutto una prima volta e ricomincio da capo per gli approfondimenti.

Sicuramente avrai chiaro adesso che per essere un professionista immobiliare occorre percorrere due vie parallele: quella della conoscenza tecnica della materia e quella della gestione di te stesso e dei tuoi clienti. Lavorerai in modo pulito, sincero e trasparente; se vuoi che le persone si affidino a te, occorre porre solide basi.

Prima di tutto devi imparare a riconoscere le tue qualità, sentire il tuo lavoro come un piacevole modo di vivere e non come un peso, e questo abbiamo visto lo puoi fare tramite l'alternanza lavoro-pausa.

Se qualcuno di voi pensa di arrivare a buoni introiti e vita facile fingendo interesse e simpatia, allora avete sbagliato libro. Anzi avete sbagliato tutto, perché non si può fingere all'infinito.

Sii te stesso, costruisciti un personaggio che prima di tutto piaccia a te. Impara a gestire le tue emozioni e le tue scelte, come per osmosi saprai gestire le persone intorno a te. Divertiti lavorando.

Il tuo è un lavoro di relazione, se bene impostato può renderti la vita piena di soddisfazioni. Sappi che tutto quello che oggi ti può sembrare un ostacolo insormontabile un giorno ti farà sorridere nel ricordarlo.

Nulla è assoluto, semplicemente, noi, oggi, stiamo vivendo. E questa è una grande fortuna. I tanti esempi di come rendersi semplice la vita, di ribaltare il modo di vedere le cose, di rifiutarsi di adeguarsi alla realtà ti siano una strada per fare fortuna.

Sapere che un grande problema non è altro che una serie di piccoli problemi risolvibili ti solleverà dall'ansia. Siamo professionisti immobiliari e siamo bravi nelle lunghe cavalcate, amiamo l'avventura. Ogni nuova operazione intrapresa è una meravigliosa opportunità di esplorare, di godere appieno del proprio lavoro.

Il nostro non è un lavoro di routine. Questa è una grande fortuna. Possiamo scegliere ogni giorno cosa fare e come farlo. Ogni volta che inizio un nuovo cantiere ho l'immagine di un gruppo di amici che si imbarca su una nave per un viaggio. Nel viaggio accadrà di tutto.

Discuteremo, gioiremo dei problemi risolti, ci appassioneremo a ricercare le soluzioni. Alla fine, scesi dalla nave, rimarrà un grande vissuto che ci legherà per sempre. Avremo qualche cicatrice, ma la cosa più straordinaria è che non riusciremo più a smettere di sorridere.

www.ingramcontent.com/pod-product-compliance
Lightning Source LLC
Chambersburg PA
CBHW071528200326
41519CB00019B/6114